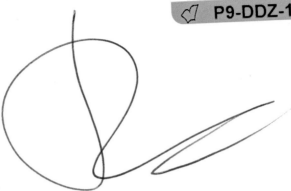

SAMMY SOSA

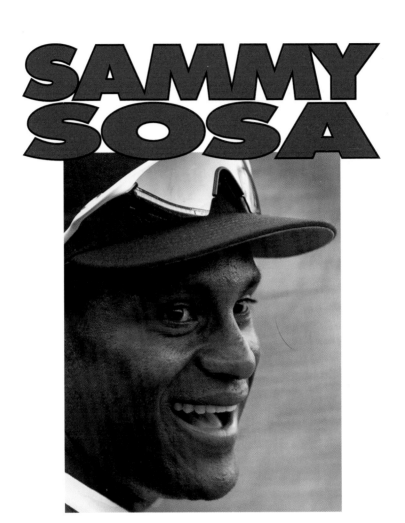

SAMMY SOSA

HÉROE DE LOS JONRONES

Jeff Savage

Traducción de
Julia Cisneros Fitzpatrick

LERNER
SPORTS
A DIVISION OF LERNER PUBLISHING GROUP

Para Steven Gaab, super toletero

Este libro está a su disposición en dos ediciones:
Cubierta de biblioteca de Lerner Publications Company
Cubierta blanda de First Avenue Editions
Divisiónes de Lerner Publishing Group
241 First Avenue North
Minneapolis, Minnesota 55401 U.S.A.

Dirección en la Red: www.lernerbooks.com

Library of Congress Cataloging-in-Publication Data

Savage, Jeff, 1961—
    [Sammy Sosa, home run hero. Spanish]
    Sammy Sosa, héroe de los jonrones / by Jeff Savage ; translated by Julia
Cisneros Fitzpatrick.
        p.   cm.
    Includes bibliographical references and index.
    Summary: A biography of the Chicago Cubs outfielder who in 1998, along with
Mark McGuire, broke the home run record previously set by Roger Maris.
        ISBN 0—8225—3681—1 (lib. bdg. : alk. paper)
        ISBN 0—8225—9861—2 (softcover : alk. paper)
        1. Sosa, Sammy, 1968— —Juvenile literature. 2. Baseball players—Dominican
Republic—Biography—Juvenile literature. [1. Sosa, Sammy, 1968— 2. Baseball
players. 3. Spanish language materials.] I. Title: Sammy Sosa. II. Title.
GV865.S59 S69   2000
796.357'092—dc21
    [B]   99—052945

Hecho en los Estados Unidos de Norteamérica
1 2 3 4 5 6 - JR - 05   04   03   02   01   00

Contenido

Sammy
el toletero

Sammy Sosa, con una sonrisa en los labios, cruzó la línea divisoria del campo de pelota y se dirigió hacia el jardín derecho. La multitud de espectadores más grande del año se encontraba apiñada en el estadio Wrigley Field en Chicago en este cálido domingo de septiembre para ver si el jardinero derecho de los Cachorros de Chicago bateaba un jonrón.

Hacía cinco días que en San Luis el amigo y rival de Sammy había hecho historia. Mark McGwire de San Luis había roto el récord más prestigioso de los deportes—el récord de batear más jonrones que nadie en una sola temporada. El récord de 60 jonrones de Babe Ruth había durado 34 años hasta que Roger Maris lo rompiera en 1961. La gloria de Maris por haber metido 61 jonronazos duró 37 años hasta que McGwire se llevara la cerca por el jardín izquierdo y anotara el jonrón número 62. Sammy corrió del campo exterior hasta cerca de la goma para abrazar a McGwire. "No te adelantes mucho", le dijo Sammy. "Espérame a mí". En aquel momento, Sammy contaba con 58 jonrones a su favor.

Pero para esta fecha, Sammy ya había alcanzado los 60 jonrones. Unos jóvenes sin camisa, con letras pintadas en el pecho, se paraban uno al lado de otro para deletrear su nombre, S-A-M-M-Y S-O-S-A. Miles de fanáticos se congregaban en las calles fuera del estadio por si acaso Sammy pegaba un jonrón que llegara tan lejos. "Sammy es un ídolo", dijo Mark Grace, compañero del equipo de los Cachorros. "A él lo adoran con locura en Chicago".

Sammy es también un héroe en la República Dominicana, la pequeña isla del Caribe, la nación donde se crió. Su nombre y su retrato aparecen por todas partes. En las calles polvorientas de su pueblo natal de San Pedro de Macorís, los niños descalzos y harapientos juegan a la pelota con una naranja y se imaginan ser él. Sammy los comprende. "Cuando yo era joven," dijo él, "soñaba con estar en los Estados Unidos. Ahora que estoy aquí, todos los días son como días de fiestas para mí. Cada vez que me despierto, digo, 'Que Dios bendiga a los Estados Unidos de América'".

En los vecindarios hispanos de los Estados Unidos, los fanáticos escriben el nombre de Sammy en azul por las cunetas de las calles y usan pasta blanca de limpiar zapatos o jabón para escribir su nombre en los parabrisas de los automóviles. Omar Minaya, el reclutador de las Grandes Ligas

Uno de los fanáticos de Sammy en Washington Heights, Nueva York, pintó su auto en celebración de las hazañas de Sammy.

que descubriera a Sammy y que lo contratara para jugar a la pelota 13 años atrás, declaró: "Él ha dado tanta esperanza a tantas personas de todas las razas y situaciones económicas, pero más que nada a la gente de los países pobres del Tercer Mundo. Él ha demostrado que trabajando duro, uno puede alcanzar el éxito, y hacerlo con estilo".

Sammy es un héroe para la gente de todas las razas. Como dice él: "No importa quiénes somos ni de dónde venimos, somos una sola persona". Él es una persona tierna y llena de humildad y gentileza. Quiere a todo el mundo, y es fácil quererlo a él también. Desde las gradas de los estadios, los fanáticos lo aclaman. Los cientos de niños necesitados, cuyas entradas al juego él paga como parte de su programa Domingos de Sammy, se unen a los gritos "¡Sa-miii! ¡Sa-miii!" que hacen eco por todo el estadio cada vez que le toca ir al bate.

Empezaron los gritos de nuevo en el quinto inning a medida que Sammy caminaba con paso enérgico hacia el cajón de batear con su bate de dos libras en mano. Había pegado un fly e hizo un out y también le dieron **base por bola intencional** las primeras dos veces que fue al bate. Con un jugador en primera, el pítcher Bronswell Patrick de los Cerveceros de Milwaukee no se iba a arriesgar a darle de nuevo a Sammy otra base por bola intencional.

Los jardineros del campo exterior se echaron bien atrás, casi en la pista de advertencia, mientras Patrick disparaba un lanzamiento. Sammy lo dejó pasar como strike. Patrick volvió a pichear, y esta vez Sammy le pegó con tanta fuerza que se oyó tremendo estruendo, ¡Bum! La pelota salió disparada hacia la izquierda como un cohete. Sammy dio un saltico de lado por encima de la goma, como hace siempre cada vez que sabe que ha metido un jonronazo. La pelota voló por encima de las gradas y fue a parar a la Avenida Waveland. Sammy fue de base en base sacudiendo el puño cerrado de arriba abajo en el aire en un gesto de triunfo. La pelota

Sammy comienza su recorrido de jonrón con un saltico de lado.

resonó en el pavimento, a 480 pies de distancia de la goma, y empezó a rebotar por la calle con cientos de fanáticos detrás, que trataban de agarrarla. Un hombre que estaba mirando el juego en una televisión portátil saltó del van y se encontró con la pelota a sus pies. Se la vendió a otro hombre por $10,000, y éste se la regaló a Sammy, nada más que para conocerlo.

Sammy tocó la goma y dio su saludo de golpe y beso que es su firma. Se dio un golpecito en el pecho con el puño cerrado y entonces se besó los dedos dos veces. El primer beso fue para su mamá, el segundo para sus amigos en la República Dominicana y para los fanáticos de Chicago. Se sentó en el banco y se empapó la cara con agua. Con los fanáticos gritando hasta ponerse roncos y con sus compañeros animándolo, salió al terreno para saludar al público.

Los dos jonronazos de Sammy le dieron a su equipo la ventaja, 8 a 3. Con dos semanas restantes para el fin de la temporada, los Cachorros se encontraron compitiendo contra los Mets de Nueva York y los Gigantes de San Francisco por el puesto en los playoffs de la Liga Nacional que se le adjudica al mejor equipo de entre los perdedores (wild card).

"Yo no quiero el récord. Yo quiero estar en los playoffs," había dicho Sammy. "Me gustaría, si es que va a pasar, pero si le pasa a Mark McGwire, yo quiero mucho a Mark McGwire. Todo el mundo lo sabe. Para mí, lo que pase de ahora en adelante es un regalo. Yo tengo otra idea y otra meta—ir a los playoffs. Eso me gustaría mucho más."

Pero el **bulpén** de Chicago no pudo mantener su ventaja. Los Cachorros se estaban quedando atrás 10 a 8 en la parte baja del noveno inning, cuando Sammy volvió a la caja de bateo. Con las bases limpias y los espectadores en las puntas de los pies, Sammy subió el **conteo** a dos bolas y un strike y entonces conectó tremendo palo hacia la izquierda con el siguiente lanzamiento de Erik Plunk. La pelota voló alto y profundo fuera del estadio y cayó otra vez en la calle a 480 pies de distancia. Cientos de fanáticos corrieron tras de ella por un callejón. Cuando un hombre con la bola en la mano se escapó del lío que se formó para conseguir la pelota, la policía se lo llevó inmediatamente a la estación más cercana para su propia protección. Sammy dio su saludo de golpe y beso cuando regresó a la goma, y antes de que sus compañeros de equipo lo rodearan, dijo sin voz, "Te quiero, mamá".

Los fanáticos agitan la bandera de la República Dominicana.

Mientras tanto, a seis millas de ahí, Sonia Sosa salía corriendo por la puerta de su apartamento. La esposa de Sammy había estado sentada bajo la secadora para el pelo, mirando el juego en la televisión cuando Sammy reventó el número 62. "Salté y dije, 'Ay, Dios mío, tengo que irme para el estadio'", dijo Sonia. Se arrancó los rolos de la cabeza, le dijo a la sirvienta que cuidara a los cuatro niños y corrió escaleras abajo para tomar un taxi. "Por favor, apúrese", le dijo al chofer. "Quiero ver a mi esposo". El chofer le dijo, "No se preocupe, que yo me hago cargo de que llegue a tiempo".

Mientras que los fanáticos de Chicago gritaban entusiasmadamente por seis minutos, miles de personas inundaban las calles de la República Dominicana. Hacían repicar los trastes de cocina y gritaban "¡Sammy, querido!" En las barriadas hispanas por todos los Estados Unidos se oían las bocinas de los autos y el ruido de las latas que colgaban de las bicicletas de los niños que gritaban su nombre. Los fanáticos de Wrigley por fin se calmaron, pero se volvieron a alborotar un momento más tarde cuando los Cachorros se recuperaron para empatar el juego. Entonces, en el décimo inning, Mark Grace jonroneó, dándoles a los Cachorros la victoria.

Sammy fue el primero en felicitar a su compañero de equipo en la goma, y el gran abrazo que le dio Sammy fue tan fuerte que Grace exclamó "¡Sammy, suéltame!" Los receptores de los Cachorros, Tyler Houston y Scott Servais, levantaron a Sammy en los hombros mientras que llovían los gritos aclamadores de los fanáticos.

Los compañeros de equipo de Sammy lo llevan en hombros después que sus dos jonrones les dieron la delantera a los Cachorros contra los Cerveceros.

Niños en la República Dominicana juegan a la pelota
igual que lo hacía Sammy hace 20 años.

Aprendiendo el juego

Sammy Sosa es rico. Es dueño de tres casas, una docena de automóviles, un yate de 60 pies, y un contrato de $42.5 millones vigente hasta el año 2002. Pero Sammy no era rico cuando era niño.

Samuel Peralta Sosa nació el 12 de noviembre de 1968, el quinto de los siete hijos que tuvieron Juan y Lucrecya Sosa. Sammy se crió en el bullicioso puerto de San Pedro de Macorís en la República Dominicana. República Dominicana y Haití comparten la isla de La Española a 600 millas de la Florida. La mayoría de los casi 10 millones de habitantes de la República Dominicana trabaja o en los cañaverales o en fábricas, ganando muy bajos sueldos.

Sammy vivió en el vecindario pobre de Barrio México, en una vivienda de dos piezas en un hospital abandonado.

Sammy compartía su cuarto con sus cuatro hermanos y dos hermanas. Dormían en unos colchoncitos de goma tirados en el piso. Los hermanos de Sammy le decían *Mayki* con cariño.

El padre de Sammy trabajaba en los cañaverales y también reparando carreteras. La madre vendía comida por la calle y en las fábricas. Los dos apenas ganaban lo suficiente para alimentar a sus hijos. Sammy tenía siete años cuando de repente se murió su padre de un ataque de aplopejía. Sammy y sus hermanos tuvieron que trabajar para ayudar a la familia a sobrevivir. Sammy limpiaba zapatos y vendía fruta por la calle. La madre llegaba a la casa de noche con dinero suficiente para comer la primera comida del día. Llegaba adolorida de tanto caminar todo el día, y Sammy le masajeaba los pies. Sammy dejó la escuela en el octavo grado y empezó a trabajar a tiempo completo para ayudar a alimentar a su familia. Vendía fruta y lavaba autos durante el día, y de noche trabajaba de conserje en una fábrica de zapatos.

Lo que más le gustaba a Sammy era el boxeo. Sus amigos y él se amarraban esponjas con esparadrapo en los puños y así practicaban. A la madre de Sammy no le gustaba ver que lo golpearan. "Él me decía que no me preocupara, que no era nada", dijo Lucrecya. "Le decía, 'Mi hijo, esto es mucho para una madre'". Sammy tenía problemas con el habla, y a veces sus amigos se burlaban de él y le decían "gago". Cuando de pronto empezaban a volar de verdad los puños de Sammy, se acababan las burlas.

Cuando tenía 13 años, un hermano mayor, Juan, lo convenció a que dejara el boxeo y probara el béisbol. Sammy usaba una rama de árbol como bate, una bola de calcetines como pelota, y un contenedor de leche de cartón como guante. "Le cortaba la parte de abajo al cartón y metía la mano", dijo él. "Entonces le abría huecos para meter los dedos". Sammy se enamoró del béisbol.

Uno de los deportes favoritos de la República Dominicana—y de toda la América Latina—es el béisbol. Allí, la gente juega en terrenos baldíos con bates rajados y pelotas gastadas, y en las calles, con palos de escobas y naranjas. Algunos jugadores tienen la suerte de que los vean los reclutadores de las Grandes Ligas y los contraten. Juan Marichal, conocido como el Dandy Dominicano, picheó para los Gigantes de San Francisco. Está en la Galería de Peloteros Famosos. El mejor pelotero hispano de las Grandes Ligas fue Roberto Clemente de Puerto Rico. Sammy llevaría después el número 21 en su uniforme de los Cachorros como homenaje a Clemente. El gran bateador de Pittsburgh murió en un accidente aéreo mientras llevaba suministros de alimento a Nicaragua después de que un terremoto hiciera estragos en ese país.

Sammy vio a las estrellas dominicanas del béisbol como George Bell de los Blue Jays, Joaquín Andújar de los Astros, y Pedro Guerrero de los Dodgers cuando regresaban a su país después de terminarse la temporada. Sammy hasta les limpió los zapatos. Se fijó en sus cadenas de oro y autos lujosos. "La gente se les acercaba a verlos y siempre estaban en el medio de grandes grupos", dijo Sammy. "Vivían en casas lindísimas. Me acuerdo que pensaba, ¡qué rico sería vivir así!"

Un día, un hombre se acercó a Sammy con algo bajo el brazo. El hombre era Bill Chase, un norteamericano dueño de una fábrica en la República Dominicana. Chase había conocido a Sammy y a sus hermanos hacía unos meses y les habían simpatizado mucho. Chase regresaba de un viaje de negocios en los Estados Unidos y le traía a Sammy un regalo—un guante de pelota.

Poco después, Sammy conoció a Héctor Peguero, que enseñaba las reglas básicas del béisbol a los muchachos por 67 centavos a la semana. A veces podían pagar y a veces no. Un día, Peguero vio a Sammy y a sus amigos jugar pelota en un solar. Se fijó en que Sammy estaba flacucho, pero que tenía manos grandes y hombros anchos, y que bateaba muy duro. Peguero se brindó a darle unos consejos.

Luis, un hermano mayor de Sammy, notó un mejoramiento en él. Le dijo a Peguero, "Voy a trabajar a tiempo completo en mi puesto de fruta para que Mayki no tenga que limpiar zapatos ni lavar autos por el día. Enséñelo a jugar a la pelota". Sammy empezó a trabajar con Peguero, a veces hasta seis horas al día en un terreno baldío cerca de una prisión.

Se dedicaron más que nada a batear. Para evitar que el pie delantero de Sammy brincara tan rápido, Peguero le amarraba el pie con un cordel y lo aguantaba en su lugar

Roberto Clemente fue un jardinero exterior para los Piratas de Pittsburgh de categoría de "Todas las Estrellas".

hasta el último instante. Para evitar que el pie trasero de Sammy diera una pisada hacia adelante, Peguero le ponía una pelota en frente, luego más tarde un bate, y por fin, cuando eso no funcionaba, le ponía una botella rota. Porque Sammy era un corredor muy lento para ser bateador de sencillos, Peguero le decía que bateara "largo y duro". A veces la manera de Sammy batear era tan descontrolada que la cabeza le bamboleaba, y Peguero se le paraba detrás para aguantársela.

En los días de lluvia, Peguero le picheaba a Sammy en su pequeño apartamento. Usaban granos de maíz y tapas de botellas como pelotas. En los días soleados, Peguero le picheaba cientos de pelotas en el terreno baldío. Sammy bateaba y bateaba hasta el oscurecer, pero nunca quería parar. "¡Más!", gritaba. Una noche, después de una agotadora sesión de práctica, Sammy entró en un restaurante. El dueño lo olió y dijo, "Tú tienes muy mal olor para que entres aquí". Sammy le contestó, "Ese mal olor va a valer mucho dinero algún día".

Cada mes, Sammy bateaba la pelota un poco más lejos. Él y su entrenador tenían que de vez en cuando abrirse paso entre la yerba seca con un cuchillo bien grande para agrandar el terreno de pelota. Por último, el terreno llegó a alcanzar la pared de la prisión. Cuando Sammy le pegó a la pelota tan lejos que voló por encima de la pared, entrando por una ventana del edificio, los dos llegaron a la conclusión de que Sammy era lo suficiente bueno para probar el béisbol organizado.

Sammy se metió en un equipo de Little League, y pronto un reclutador de las Grandes Ligas lo descubrió. Amado Dinzey de los Rangers de Tejas había estado por la República Dominicana buscando talento nuevo cuando vio a Sammy en un juego. El bate rápido y el fuerte brazo de Sammy impresionaron a Dinzey, quien llamó al reclutador principal de los Rangers, Omar Minaya, para que viniera a Santo Domingo a echarle un vistazo.

Minaya fue por avión a la República Dominicana e hizo que Sammy diera un viaje en ómnibus de cuatro horas a Puerto Plata para conocerlo. Cuando Sammy se bajó del ómnibus, Minaya no podía creer lo que veía. Sammy tenía puesta una camiseta de los Phillies de Filadelfia hecha pedazos, unos jeans azules rotos, y unos zapatos de béisbol con huecos. Medía 5 pies, 10 pulgadas, lo cual era buena estatura para un muchacho de 16 años, pero no pesaba más de 140 libras. ¿Éste era el larguirucho que Minaya había venido a ver a la isla? "Se veía débil y desnutrido", recuerda Minaya. "Algunas de las bolas que él bateaba para el campo de la derecha perdían velocidad, y para mí, eso era desnutrición".

Pero Minaya notó algo más acerca de Sammy. "Se bajó del ómnibus listo para batear", dijo el reclutador. "Me di cuenta de que había algo dentro de él, una especie de fuego. Desde el principio, uno podía ver lo agresivo que era. La carrera de 60 yardas le tomó 7.5 segundos, no tan bien como un corredor promedio. Pero tenía buen brazo para tirar, y la pelota simplemente le saltaba del bate".

Los agentes de los Rangers regresaron con Sammy a su pueblo de San Pedro de Macorís para negociar un contrato para las Ligas Menores. Le ofrecieron $3,000 para que firmara. Sammy les pidió $4,000. Se pusieron de acuerdo con

$3,500. ¡Sammy se sentía rico! Le dio el dinero a su madre con orgullo y se quedó con sólo unos cuantos dólares para comprar su primera bicicleta.

A principios del año siguiente, Sammy se despedía de su familia. Iba a empezar la temporada de 1986 con el equipo de la liga de novatos de los Rangers en Sarasota, Florida. Nada más que sabía unas cuantas palabras en inglés. Su madre se preocupaba pensando cómo se las iba a arreglar en un país nuevo, con gente nueva, y con un nuevo idioma. Mientras Sammy se acercaba al avión, se volteó y se fijó que su madre estaba llorando.

La madre de Sammy ve jugar al béisbol a su hijo
famoso en la casa elegante que él le construyó.

Sammy se inició en las grandes ligas con los Rangers pero en seguida se pasó a los Medias Blancas.

Rumbo
a la fama

Lucrecya Sosa no tenía nada que temer. Sammy escuchaba detenidamente a sus entrenadores y hacía muchas preguntas. Pedía comida en los restaurantes de comida rápida, repitiendo las palabras que le oía decir a la persona delante de él. Y se hizo de amistades. "Fue muy difícil para mí porque mi inglés no era como el de ahora", dijo él. "Tuve suerte, porque había algunos jugadores puertorriqueños con quienes yo andaba, y ellos me ayudaron muchísimo".

Sammy tuvo una buena temporada de novato, con un **promedio de bateo** de .275 y llevando la delantera en la Liga de la Costa del Golfo con 19 dobles y 96 bases en total. Sin embargo, nada más que conectó cuatro jonrones. El próximo año, mejoró con 11 jonrones en el equipo Gastonia de la Clase A de la Liga del Sur del Atlántico, y terminó a la cabeza de su equipo con un promedio de .279, 145 hits, 27 dobles, y 73 carreras.

Pero Sammy se esforzó en aprender las tácticas más básicas del juego: batear un **toque de sacrificio** para que los demás corredores avancen a otras bases o tirarle al **cutoff** desde el jardín exterior. Muchas veces enfurecía a sus entrenadores tratando de hacer demasiado. Pero éstos no podían seguir enojados con él por mucho tiempo. Su personalidad alegre y generosa hacía que se ganara el cariño de sus compañeros y entrenadores. "Él siempre tenía una sonrisa en los labios y un brillo en los ojos", dijo el director de los reclutadores de los Rangers, Sandy Johnson. "Y tenía hambre de triunfo".

Cada vez que se terminaba la temporada y Sammy regresaba a su país, se concentraba en su velocidad corriendo carreras de corta y larga distancia. En 1988, en Port Charlotte de la Liga del Estado de la Florida, él demostró su nueva velocidad, fijando un récord de Clase A con 12 triples y 42 robos de base, el número más alto de su carrera. Cuando llegó a .297 con siete jonrones en los dos primeros meses de la temporada de 1989 en Tulsa de la Clase AA, los Rangers lo mandaron a buscar para el equipo de las Grandes Ligas. "Ese fue el día más feliz de mi vida", dijo Sammy.

Al día siguiente, Sammy debutó en Arlington, Tejas, como jardinero de derecha de su equipo. Pegó un hit sencillo, su primer hit en las Grandes Ligas, a costa del lanzador de los Yanquis de Nueva York, Andy Hawkins. Cinco noches después, disparó un cohete, su primer jonrón, contra el destacado lanzador de los Medias Rojas de Boston, Roger Clemens. "Desde ese día," dijo Sammy, "me dije, 'Creo que voy a ser un buen jugador'".

Como novato de 20 años de edad, rodeado de veteranos de las Grandes Ligas, Sammy tenía mucho que aprender, y buscó consejos de uno de sus compañeros dominicanos. "El jugador con quien yo más andaba y el que me enseñó muchísimo fue Julio Franco", dijo Sammy. "Él estaba con los Rangers de Tejas cuando yo estaba ahí. Cuando yo era un novato, él me enseñó cómo sobrevivir en las Grandes Ligas". Sammy siempre estaba tan ansioso de batear, que muchas veces le tiraba hasta a los más malos lanzamientos, tratando siempre de conectar con cada pelota y mandarla hasta la luna. Con un promedio bajo de .238, el 20 de julio lo devolvieron a las Ligas Menores.

En Ciudad de Oklahoma de la Clase AAA, hizo todo lo posible para ganarse su regreso a las Grandes Ligas. Era el primero en llegar al terreno de pelota todos los días y el último en irse. Cuando el equipo de los Medias Blancas de Chicago de la Clase AAA en Vancouver, Canadá, vino a la Ciudad de Oklahoma para jugar cuatro juegos, el gerente general de los Medias Blancas, Larry Himes, vino con ellos. Himes se alegró de haber ido. Todos los días, después de que se terminara el juego diario bajo un sol que ardía, Himes se ponía a observar a un joven del otro equipo que siempre regresaba al terreno. El joven pelotero traía consigo una bolsa de pelotas, un tee de bateo y una malla de batear. El muchacho, Sammy, se paraba en medio del aire caliente y húmedo, haciendo polvo pelota tras pelota que bateaba del tee hasta la malla. "Él no sabía ni que estábamos ahí", dijo Himes. "Cuando todo el mundo entraba para refrescarse, él se quedaba afuera en el calor. Pensamos que eso había sido algo de un día, pero lo hizo todos los días. Tenía un gran deseo de superarse".

Al día siguiente, Himes traspasó al veterano bateador Harold Baines y puso a Sammy en su lugar. Himes tuvo que convencer al dueño de los Medias Blancas, Jerry Reinsdorf, para ejecutar este cambio. Los Rangers se pusieron de acuerdo simplemente porque estaban a siete juegos del primer lugar y tenían esperanzas de que Baines los ayudara a llegar a la cumbre. Tejas terminó la temporada en cuarto lugar con 16 juegos de atraso.

Mientras tanto, Sammy se fue con el equipo de Vancouver por dos semanas y después lo mandaron a buscar los Medias Blancas. Fue a reunirse con su nuevo equipo en Minnesota. Debutó esa noche, bateando 3 hits en 3 veces al bate, con un jonrón, dos carreras anotadas, **dos carreras impulsadas,** y una base robada. Jugó en 33 juegos, siendo el **primer bate** casi todo el tiempo, terminando con un promedio de .273 y tres jonrones. Los Medias Blancas lo contrataron por $500,000.

¡Ahora sí que Sammy era rico! Compró una casa para su mamá, un salón de belleza y boutique para sus hermanas , y carros de lujo para sus hermanos. Se compró joyas grandes para el cuello y las muñecas, y se puso gel en el pelo.

El primer año completo de Sammy en las Grandes Ligas, en 1990, fue un éxito desde el principio. Fue el primero al bate y se apuntó un jonrón para comenzar el juego ¡cuatro veces! Se mandó 15 jonrones en la temporada y también 26 dobles, y 10 triples. Impulsó 70 carreras. Hasta se robó las bases 32 veces. El fue el único jugador de la Liga Americana

En 1990, su primer año completo en las Grandes Ligas, Sammy se robó 32 bases.

que alcanzó cifras dobles, en hits dobles, triples, y jonrones. El último jugador que había logrado tal hazaña fue Harold Baines.

Pero Sammy aún estaba muy impaciente en el cajón de batear. Estaba tirando el bate a muchos lanzamientos malos. Estaba bateando nada más que .233 y se había ponchado 150 veces. "Yo me hice jugador de pelota profesional con mucho talento y ninguna disciplina en la caja de batear", dice, "porque no tuve tiempo para jugar cuando fui muchacho". Sammy regresó a San Pedro de Macorís y practicó batear.

Una noche, en un salón de baile, Sammy conoció a Sonia, la que sería su esposa. Ella estaba trabajando de bailarina en un programa de variedades para la televisión dominicana. Sammy le pidió a un mozo que le entregara una nota a ella. "Si me haces el honor de bailar conmigo sólo una vez", le escribió, "será el principio de una hermosa amistad". Ellos bailaron, y Sammy le dio papeletas de entrada para su juego de pelota en la liga de invierno.

"Yo no sabía que él era jugador de pelota", dijo Sonia. "Pensé que era tan solo un vendedor viajante con cadenas de oro". Sammy y Sonia se hicieron amigos y se enamoraron. "Cada vez que lo veía", dijo Sonia, "sentía electricidad desde la punta de los pies derecho al corazón". Se casaron un año más tarde.

Sammy toleteó dos jonrones e impulsó cinco carreras en contra del equipo de los Orioles en el juego de apertura en

Con Sammy en plena operación en la goma, los Medias Blancas no sabían si esperar un ponche o un jonrón.

Sammy y su esposa, Sonia, se conocieron en un salón de baile en la República Dominicana.

1991 en Baltimore. Batalló el resto de la temporada y lo mandaron a las menores por un mes. Tenía dificultad en pegarle a las curvas hacia afuera. Los entrenadores del equipo de los Medias Blancas estaban muy impacientes. Sammy lo sentía. Puso más empeño en practicar. "Yo estaba tratando de batear los jonrones cada vez que tenía un **turno al bate"**, decía.

Acabó la temporada con 10 jonrones y 33 carreras impulsadas solamente. Bateaba .203 nada más. Tan sólo un jugador en la Liga Americana tenía un promedio más bajo—Mark McGwire de los Atléticos de Oakland.

Sammy sólo tenía 22 años de edad, pero los Medias Blancas se dieron por vencidos. Larry Himes no se dejó vencer. El gerente general de los Medias Blancas había sido despedido por el dueño, Jerry Reinsdorf, después de la temporada, y había aceptado un trabajo con el equipo de los Cachorros de Chicago. En la víspera de la apertura de la temporada de 1992, Himes canjeó al bateador George Bell a los Medias Blancas por Sammy.

Los fanáticos del equipo de los Medias Blancas se rieron y dijeron que Himes estaba cometiendo el mismo error otra vez. Pero Himes tenía fe en el muchacho de mucho talento por desarrollar y de un gran corazón. Sammy estaba encantado de ser un "Cachorro". "Larry", le dijo, "me siento como si me hubieran sacado de la cárcel. Nunca te fallaré".

Sammy pegó nada más que 10 jonrones en 1991.

Bateando tumbacercas

El equipo de los Cachorros de Chicago no había ganado una Serie Mundial desde 1908. Sammy quiso ayudar a cambiar esa situación. Pesaba 165 libras, pero inmediatamente comenzó un acondicionamiento y programa de nutrición. Quería más fuerza para poder batear jonrones.

En el primer mes de la temporada, Sammy nada más bateó .211. Impulsó una carrera el día de apertura en 1992 y no volvió a darle a la pelota por tres semanas. Finalmente, rompió la sequía en que se encontraba el día 5 de mayo con su segunda carrera impulsada. Dos días más tarde conectó su primer jonrón con una tirada del lanzador Ryan Bowen de los Astros de Houston. Empezó a sentir más confianza, y para fines de mayo había elevado su promedio 40 puntos. El 10 de junio, en el Busch Stadium de San Luis, toleteó dos jonrones.

La noche siguiente en Montreal, el lanzador de los Expos, Dennis Martínez, le lanzó la pelota y golpeó a Sammy, rompiéndole la mano. Los médicos le unieron los huesos rotos y le enyesaron la mano. Estuvo sentado en el banco por seis semanas.

Al fin la mano se le sanó, y el 27 de julio volvió a la alineación. En el primer juego después de su regreso, en su primera vez al bate, y al enfrentar la primera pelota del lanzador Doug Drabek de los Piratas de Pittsburgh, Sammy metió un tremendo palazo, alto como una torre. Bateó dos jonrones más esa semana.

El entrenador dominicano Héctor Peguero vino a visitarle. Sammy llevó a Peguero dentro del vestuario para presentárselo a sus compañeros de equipo. "Este es Héctor Peguero", Sammy les dijo a todos, "¡el hombre que me enseñó a jugar béisbol!" Ese día durante el juego, Peguero observó a Sammy anotar una carrera desde la primera base por un **pitchout,** robándose la segunda base y disparándose hasta la goma en una mala tirada del cátcher.

En sus primeros nueve juegos, después de haber salido de la lista de los lesionados, Sammy bateó .358 con tres jonrones y nueve carreras empujadas. Pero en el décimo juego, Sammy bateó un foul que le dio en el tobillo izquierdo. El dolor lo hizo caer al suelo. Tenía roto el tobillo. Los médicos lo operaron y le enyesaron el pie. Sammy se perdió el resto de la temporada.

Sammy regresó a Chicago en la primavera con veinte libras de músculos añadidas a su físico. El trabajar fuerte le dio buenos resultados. En un juego en marzo en Colorado, bateó 5 hits en 6 turnos al bate, con dos cuadrangulares y cinco carreras anotadas. En un juego en San Diego en junio, se disparó dos jonrones más, dándole 16 por la temporada, sobrepasando su propio récord de jonrones en una sola temporada. En un juego en julio en Colorado, bateó 6 hits en 6 turnos al bate, convirtiéndose en el primer Cachorro que bateara seis hits en un juego. Combinados con sus tres palazos del día anterior, sus nueve hits consecutivos rompieron otro récord para el equipo. En un juego en septiembre en Los Angeles, se robó cuatro bases y empató otro récord para Chicago. Bateó su jonrón número 30 el día dos de septiembre jugando en contra del lanzador Josías Manzanillo del equipo de los Mets de Nueva York. Se robó su base número 30 el día 15 del mismo mes contra los Gigantes de San Francisco. Sammy fue el primer jugador en la historia de los Cachorros en tener 30 o más jonrones y la misma cantidad de bases robadas en una temporada. Terminó la temporada de 1993 con 33 jonrones y 36 bases robadas.

Sammy se compró una cadena de oro con un medallón grande que tenía dos bates cruzados y los números 30–30. Se la ponía todos los días para ir al terreno de béisbol, pero la tenía que esconder en una caja fuerte antes de empezar el juego, porque era muy grande para jugar con ella puesta. Su compañero Mark Grace dijo, "De ninguna manera pudiera él correr con eso puesto". El lanzador Rod Beck agregó, "Eso no era una cadena, era una placa de carro". Sammy hasta cambió la placa de su automóvil para que leyera SS 30–30. Después construyó un centro comercial en San Pedro de Macorís en el mismo lugar donde él había lustrado zapatos y le puso como nombre la Plaza 30–30. Frente a la plaza hay una enorme fuente. Fuera de temporada, Sammy se para cerca de la fuente y reparte dinero a todos los que pasan por allí.

En 1994 Sammy bateó .300, lo más alto de su carrera, con 25 jonrones y 70 carreras impulsadas. También estaba al frente de su equipo con 22 robos. Su promedio bajó a .268 el año siguiente pero sus jonrones subieron a 36, sus carreras impulsadas a 119, y sus bases robadas a 34. Jugó en su primer juego de "Todas las Estrellas" a mediados de la temporada de 1995. "Si no fuera por los Estados Unidos yo no sé donde estuviera", dijo Sammy. "Lo que me ha pasado a mí, yo no sé cómo explicárselo a usted". Dijo que practicaba a diario fuera de temporada.

El 16 de mayo de 1996, Sammy fue el primer jugador en la historia de los Cachorros en haber bateado dos jonrones en la misma entrada. El comenzó el séptimo inning con un bombazo con la pelota lanzada por el pítcher Jeff Tabaka de los Astros de Houston, y luego conectó un tiro de dos carreras con un lanzamiento de Jim Dougherty. Dos semanas más tarde, Sammy bateó tres jonrones en un juego contra el equipo de los Phillies de Filadelfia. Se había convertido en

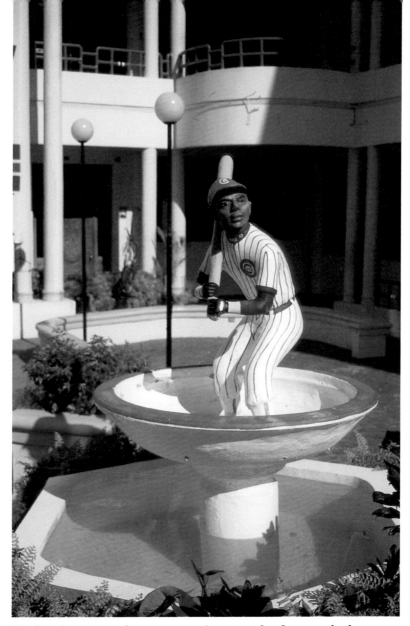

Todas las monedas que se tiran en la fuente de la Plaza 30–30 de Sammy en San Pedro de Macorís son para los limpiabotas del pueblo.

La velocidad de Sammy entre las bases le permitió robarse 22 bases en 1997.

uno de los bateadores más temidos del béisbol.

El 20 de agosto en Wrigley Field, Sammy estaba a la cabeza de la liga en jonrones con 40, cuando se enfrentó con el pítcher Mark Hutton de los Florida Marlins. Las bases estaban llenas. ¿Podría Sammy batear su primer **jonrón con las bases llenas?** Hutton disparó la pelota hacia adentro. La pelota le traqueó en la mano a Sammy y le destruyó un hueso. Se le rompió el hueso en tantos lugares que los cirujanos tuvieron que extraérselo de la mano pedacito a pedacito.

La mano le fue sanando a Sammy durante el invierno y

volvió al campo de entrenamiento de primavera en 1997. A mediados de la temporada, Sammy firmó un contrato por cuatro años con los Cachorros por $42 millones. ¡Cuarenta y dos millones! Sammy apenas sabía cuánto dinero era eso. En seguida le fabricó una casa más grande a su mamá. Hizo erigir un campo de béisbol para equipos de jóvenes en San Pedro de Macorís. Compró ambulancias para muchos de los hospitales en la República Dominicana. Compró 2,500 computadoras para el sistema escolar del país.

Sammy se mantuvo en buena salud a lo largo de 1997 y fue uno de tan sólo cuatro jugadores en la pelota que jugaron en todos los 162 juegos de la temporada. Terminó con 36 jonrones y empató el máximo de su carrera con 119 carreras impulsadas. Pero se ponchó 174 veces, el número más alto en la liga. Algunos fanáticos de los Cachorros lo llamaban "Sammy Soso". Eso le molestaba mucho a Sammy. Peor aún, los Cachorros habían empezado la temporada con 14 pérdidas seguidas y se quedaron en el último lugar en su división. Sammy se preguntaba si su equipo alguna vez llegaría a los playoffs [los últimos juegos decisivos.]

Cuarenta jonrones y cuarenta millones de dólares serían satisfacción suficiente para muchas estrellas, pero no para Sammy. El quería algo más. Decidió rehacer su manera de batear. De vuelta en la República Dominicana, estudió videos de tres bateadores: su compañero de equipo Mark Grace, Chipper Jones, tercera base de los Bravos de Atlanta, y de sí mismo. Los tres comenzaban su estilo de tirarle a la pelota dando golpecitos en el suelo con el pie delantero. Sammy notó que Grace y Jones empezaban su pisada de golpecito cuando la pelota lanzada estaba a mitad de la distancia del cajón de batear. Sammy empezaba el movimiento cuando la pelota estaba tan sólo a unos pies de él, lo que le obligaba a apurarse en su manera de darle a la pelota. Practicó dando los golpecitos en el suelo más pronto. También decidió bajar las manos unas seis pulgadas, como lo hacía Barry Bonds, el gran toletero del equipo de los Gigantes de San Francisco. De esta manera, él podría prepararse más rápido para batear, lo cual significaba que tendría más tiempo para decidir si bateaba o no.

"Sammy Claus" hizo feliz a mucha gente.

Sammy practicaba con cientos de pelotas diariamente en un parque en San Pedro de Macorís. Se tomó un descanso en diciembre para hacer una gira de "Sammy Claus". En esa gira, Sammy repartió miles de regalos en colegios y hospitales en la República Dominicana y en Chicago, Filadelfia, Nueva York, Miami, y Washington, D.C. El resto del tiempo practicaba su nuevo modo de batear.

Sammy también cambió algo más. Se quitó sus anillos y cadenas, hasta su medallón de 30–30 y los puso en un cajón de su gavetero. La única joya que el quería era un anillo de campeonato.

5

El gran duelo de jonrones

La primera indicación de que Sammy era un bateador diferente en 1998 se vio el 4 de abril, cuando explotó su primer jonrón del año. "El único verdadero error que cometí", dijo el pítcher Marc Valdés del equipo de los Expos de Montreal, "fue tirarle una pelota hacia arriba y afuera a Sosa. Normalmente, él trata de halar una pelota como esa. Hoy conectó con la bola".

Sammy descargó seis jonrones en abril como si fuera lo más natural. "En este momento sólo estoy tratando de calmarme, relajarme, y fijarme un poquito más en la pelota. Voy a esperar el lanzamiento que me conviene, y tratar de no darle a tantas malas tiradas". Todos los días, antes de cada juego, Sammy hacía **prácticas al bate** extra en el área de bateo debajo de las gradas del jardín derecho de Wrigley

Field. El entrenador de bateo, Jeff Pentland, le tiraba la pelota en un arco alto, obligando a Sammy a esperarla.

Mientras tanto, en el equipo de los Cardenales de San Luis, el bateador Mark McGwire estaba disfrutando un buen comienzo de temporada también. Bateó un jonrón con las bases llenas el día de apertura y terminó el mes de abril con once cuadrangulares. Se le calentó el bate, disparó 18 más en mayo, y empezó junio con 27 jonrones, más del doble de los 13 que Sammy tenía. Pero Sammy pegó un bambinazo en su primera vez al bate en junio y jonroneó otra vez en su último turno al bate del mes. Entre el principio y el final, bateó 18 más, para alcanzar un total de 20! Ningún jugador en la historia del béisbol ha bateado tantos en un mes. McGwire acabó el mes de junio con 37, siguiéndolo Sammy con 33.

Sammy se rió e hizo chistes con los periodistas, aún cuando ellos le hacían preguntas tontas tales como "¿Tú puedes leer inglés?" Sammy les leía el periódico en voz alta y luego les preguntaba a los periodistas si ellos podían leer español. Después de las entrevistas, les daba la mano a los periodistas y les decía "Gracias". Sammy era muy amable con todo el mundo.

El jonrón número 40 de Sammy fue un gran batazo para ganar en Arizona, y fue también su primer jonrón con las bases llenas. Antes de eso, en su carrera Sammy había tenido el máximo número de jonrones (247) sin nunca haber bateado uno con las bases llenas. ¡Al día siguiente, volvió a repetir la jugada! Fue el primero de los Cachorros en batear

Sammy y Mark McGwire fueron rivales y amigos en su duelo de jonrones.

grand slams dos días consecutivos.

A mitad de temporada, "el Gran Duelo de Jonrones" había cautivado a todo el mundo. Sammy y McGwire tenían 47 jonrones cada uno cuando se encontraron frente a frente el 19 de agosto en Wrigley Field. Antes del juego, se dieron un fuerte abrazo en el terreno. "Quizás nos vayamos a la República Dominicana y nos retiremos juntos". dijo Mac a Sammy. "Quién sabe si hasta pudiéramos hacer un club de golf por allá y lo llamaríamos 'El Parque de los Jonrones'".

En la quinta entrada, Sammy bateó una pelota rápida de Ken Bottenfield y la sacó del jardín izquierdo para un jonrón que produjo tres carreras. ¡Había ganado el primer lugar! Pero no le duró mucho. En la octava entrada, McGwire toleteó su jonrón número 48, el número 49 en la décima y ganaron el juego. Once días más tarde en Colorado, Sammy dio un batazo largo de 482 pies, su jonrón número 54, empatándose con McGwire de nuevo. "Este es el día de triunfo de McGwire", dijo Sammy después. "No voy a quitárselo. Él es el hombre".

Sonia y Lucrecya Sosa ayudan a Sammy a celebrar su día de triunfo.

Quedando sólo tres semanas de la temporada, McGwire calentó su bate de nuevo. Bateó siete jonrones en siete días y alcanzó el número mágico de 62. Y esto sucedió teniendo de contrarios a los Cachorros. A Sammy, que tenía cuatro jonrones menos que McGwire, le preguntaron si sentía presión alguna por alcanzar a Big Mac. "¿Presión?" dijo Sammy, sonriente. "Presión es cuando tú tienes que limpiar zapatos y vender naranjas nada más que para asegurar que haya qué comer en la próxima comida. Cuando yo era limpiabotas, tratando de venir a los Estados Unidos de América, eso sí que era presión".

En una serie de tres juegos en Wrigley teniendo de contrarios al equipo de los Cerveceros de Milwaukee, Sammy pegó cuatro jonrones para darle alcance a McGwire. Los Cachorros estaban atrapados en una lucha entre tres equipos con los Mets y los Gigantes por conseguir el puesto de wild card de la liga (el lugar en los playoffs que se da al mejor equipo entre los perdedores). En San Diego, Sammy le pegó duro a la pelota y sacó un jonrón con las bases llenas, ganándole a los Padres, lo cual ayudó a su equipo en la batalla eliminatoria. En el duelo de jonrones, Sammy tenía 63, pero McGwire tenía 65.

Cuando los Cachorros jugaron su último juego de la temporada de 1998 en su estadio, le llamaron el "Día de Celebración para Sammy Sosa". El jugador estrella de los Chicago Bulls, Michael Jordan, tiró la primera pelota. Sammy se agachó detrás de la goma, y Jordan lanzó la pelota . . . que

Frente a los destrozos causados por el huracán Georges en San Pedro de Macorís, un niño practica el béisbol con una pelota de tenis.

le pasó bien alto por arriba de la cabeza a Sammy. El comisionado de béisbol, Bud Selig, y los seis hijos de Roger Maris se encontraban allí también para homenajear a Sammy. Pero lo más importante para él fue que su mamá y sus hermanos estaban en el juego.

Las banderas dominicanas y banderines con el nombre de Sammy reemplazaron los banderines de los equipos que regularmente ondean sobre el jardín exterior. Sammy recibió muchos regalos, incluyendo entre ellos una estatua de cristal y un convertible color granate cuya placa decía: *SAMMY 98*. Con su familia radiante de alegría, Sammy se acercó al micrófono cerca del cajón de batear, y dio las gracias al comisionado, a los entrenadores, a los jugadores y a los fanáticos de Chicago. Un brillo especial irradiaba de su rostro. Se encaminó a las gradas y besó a su esposa y a su madre. Después, salió corriendo para darle una vuelta al terreno diciéndoles "choca esos cinco" a los fanáticos con la mano abierta, y agitando su gorra de pelotero en el aire. Fue un día perfecto . . . hasta que los Cachorros perdieron el juego, 7 por 3.

Los Cachorros terminaron la temporada viajando a otros lugares. Estaban en Milwaukee cuando a Sammy le llegaron malas noticias. Un huracán devastador había azotado la República Dominicana, perdiendo la vida muchas personas y quedando destruidas las viviendas. Su mamá y hermanos estaban con él. Sus hermanas estaban bien, pero los Sosa temían por su país. "Esto sí que está malo", dijo Sammy. "Por qué le pasa todo lo malo a mi pueblo y no a mi?" Esa misma noche, él creó la Fundación Caritativa Sammy Sosa para socorrer a todas las islas del Caribe. A pocos días se habían recibido más de dos millones de dólares en la Fundación. Mucho del dinero fue donado por los jugadores de pelota.

Cuando no estaba jugando béisbol, Sammy ayudaba a cargar sacos de alimentos en camiones para que los llevaran por avión a las islas. "Esto es algo muy importante, algo que yo tengo que hacer por mi país", dijo. "Es una situación muy dura la que están pasando en mi tierra, mucha gente se ha quedado sin hogar y muchos están pasando hambre. Los niños no tienen ni suficiente comida ni agua, y están asustados por todo lo que ha pasado".

Con sólo tres días para terminarse la temporada, Sammy volvió a dar tremendo batazo, el jonrón número 66, para adelantársele a McGwire. El próximo día, McGwire se anotó el jonrón número 66 para empatarse de nuevo con Sammy; entonces McGwire pegó dos jonrones más y tomó el primer lugar. En el día final de la temporada, McGwire toleteó dos jonrones más y alcanzó el 70. Sammy finalizó con 66.

Los Cachorros y los Gigantes terminaron la temporada con récords idénticos. Los equipos jugaron un juego de desempate en Wrigley Field para determinar quién sería ganador del lugar de wild card. Sammy bateó dos sencillos y se anotó dos carreras para llevar a los Cachorros a una victoria de 5 por 3. Chicago jugaría opuesto al equipo de los Bravos de Atlanta en los playoffs de la Liga Nacional. "Este ha sido un año magnífico, un año mágico", dijo Sammy. "Si ganamos, será una gran victoria, pero si no sucede así, volveremos el próximo año y lucharemos como lo hicimos esta temporada".

Los Bravos barrieron a los Cachorros en tres juegos, y Sammy en seguida tomó el próximo vuelo que salía para la República Dominicana. Cuando aterrizó en San Pedro de Macorís, podía ver casas convertidas en escombros y calles cubiertas de fango. "Ahora que estoy aquí", dijo Sammy, "tendré tiempo para ir a cada rincón y ver lo que la gente necesita, lo que realmente necesita".

Sonia y Sammy Sosa desfilan por las calles de la República Dominicana.

Sammy fue a Nueva York y lanzó la primera pelota del primer juego de la Serie Mundial de 1998. Mientras él estaba en Nueva York, la ciudad lo homenajeó con un desfile triunfal a lo largo de un tramo de la Avenida Broadway conocido como el "Cañón de los Héroes". Le fue otorgado el Premio Humanitario Roberto Clemente por sus grandes esfuerzos.

"Este es un país muy, muy, pero muy, muy acogedor", dijo él. Las cadenas nacionales de televisión querían que Sammy se presentara en sus programas, pero él se negó. Quería regresar a la República Dominicana. "Quiero que la gente tenga sus casas de nuevo. Es una tarea dura. No la puedo hacer yo sólo, pero quiero sacrificarme".

De vuelta en San Pedro de Macorís, Sammy había de emplear su tiempo en los meses siguientes ayudando a la gente de su país a reparar y reedificar sus casas. En noviembre,

Después de recibir un galardón por su labor humanitaria, Sammy les tira un beso a los fanáticos.

Sammy fue nombrado el Jugador Más Valioso en béisbol.

Sammy comenzó su temporada de 1999 sin mucho ruido, con solo cuatro jonrones en el primer mes de la temporada. Pero empezó a acelerar el paso, y para mediados de la temporada ya tenía 37 jonrones. En agosto, Sammy de verdad se puso bueno. Pegó 18 jonrones para terminar el mes con 55, y el 18 de septiembre se convirtió en el primer jugador en la historia de las Grandes Ligas que bateara 60 jonrones dos veces.

"El año pasado, cuando bateé 62 jonrones, Mark ya había sido el primero en hacerlo", dijo Sammy. "Este año, tengo que admitir que haber sido el primero en llegar a los 60, eso me gusta un poquito más".

McGwire tenía 56 jonrones cuando Sammy bateó su jonrón número 60. Ninguno de los jugadores cesó de disparar jonronazos hasta el último juego de la temporada. McGwire bateó seis jonrones en los últimos siete juegos para alcanzar y pasar a Sammy, quien bateara solamente tres en las últimas dos semanas de la temporada.

Los Cachorros y los Cardenales ya habían sido eliminados de los playoffs cuando los dos equipos se enfrentaron para cerrar la temporada regular de 1999. En el último juego, McGwire pegó un jonrón—el número 65 de la temporada—y Sammy también bateó un jonrón—el número 63. Nada más que cuatro peloteros en la historia de las Grandes Ligas han bateado más de 60 jonrones, ¡y McGwire y Sammy lo hicieron dos veces!

En 1999, Sammy casi alcanzó su tremendo ritmo de batear jonrones de 1998.

Lo malo de la temporada para Sammy fue que los Cachorros terminaron con un récord de 67 juegos ganados y 95 perdidos, el peor de las Grandes Ligas. Aún esa desilusión no pudo hacer que Sammy perdiera su incontenible buena voluntad.

"Soy un hombre feliz, no desilusionado", dijo Sammy. "Tuve un gran año. A mí me parece que es razón para estar contento".

Estadísticas

Ligas Menores

Año	Nivel	Equipo	Juegos	Turnos al bate	Carreras	Hits	2B	3B	HR	RBI	Promedio de batazos
1986	Novato	Sarasota	61	229	38	63	19	1	4	28	.275
1987	Clase A	Gastonia	129	519	73	145	27	4	11	59	.279
1988	Clase A	Port Charlotte	131	507	70	116	13	12	9	51	.229
1989	Clase AA	Tulsa	66	273	45	81	15	4	7	31	.297
	Clase AAA	Oklahoma City	10	39	2	4	2	0	0	3	.103
	Clase AAA	Vancouver	13	49	7	18	3	0	1	5	.367
1991	Clase AAA	Vancouver	32	116	19	31	7	2	3	19	.267
1992	Clase AAA	Iowa#	5	19	3	6	2	0	0	1	.316

2B=dobles, 3B=triples, HR=jonrones, RBI=carreras impulsadas, BB=bases por bolas
#Asignación para reponerse de una lesión

Grandes Ligas

Año	Equipo	Juegos	Turnos al bate	Carreras	Hits	2B	3B	HR	RBI	Promedio de batazos
1989	Rangers	25	84	8	20	3	0	1	3	.238
	Medias blancas	33	99	19	27	5	0	3	10	.273
1990	Medias blancas	153	532	72	124	26	10	15	70	.233
1991	Medias blancas	116	316	39	64	10	1	10	33	.203
1992	Cachorros	67	262	41	68	7	2	8	25	.260
1993	Cachorros	159	598	92	156	25	5	33	93	.261
1994	Cachorros	105	426	59	128	17	6	25	70	.300
1995	Cachorros	144	564	89	151	17	3	36	119	.268
1996	Cachorros	124	498	84	136	21	2	40	100	.273
1997	Cachorros	162	642	90	161	31	4	36	119	.251
1998	Cachorros	159	643	134	198	20	0	66	158	.308
1999	Cachorros	162	625	114	180	24	2	63	141	.288
Totales		1,409	5,289	841	1,413	206	35	336	941	.267

2B=dobles, 3B=triples, HR=jonrones, RBI=carreras impulsadas, BB=bases por bolas

Glosario

base por bolas intencional: Caminar al bateador a propósito—el pítcher le lanza cuatro bolas—para evitar que un buen bateador pegue un hit, impulsando carreras.

bulpén: Los relevistas (los pítchers que no empiezan los juegos).

carrera impulsada (RBI): Una carrera que se anota como resultado de un hit o, si las bases están llenas, de una caminata.

conteo: El número de bolas y strikes que tiene un bateador. Siempre se da primero el número de bolas. Por ejemplo, si el pítcher tira dos bolas a Sammy, pero el tercer lanzamiento resulta ser un strike, el conteo es 2 y 1— dos bolas y un strike.

cutoff: El jardinero interior que agarra el tiro del jardinero exterior y lo lanza a otro jardinero interior para hacer la jugada. Por ejemplo, si Sammy agarrara la pelota bien atrás en el jardín derecho, se la tiraría al segunda base—el cutoff—quien entonces le tiraría al cátcher si el corredor de bases intentara llegar a la goma.

jonrón con las bases llenas: Un grand slam es un jonrón con corredores en cada una de las bases. Se anotan cuatro carreras.

pitchout: Un lanzamiento hacia afuera intencional al cátcher con el propósito de que pueda sacar de base a un corredor.

práctica al bate: El lapso de tiempo que emplean los jugadores antes de empezar el juego en darle a pelotas que les lanza uno de sus propios entrenadores.

primer bateador (o primer bate): El primer bateador en el alineamiento o en el inning.

promedio de batazos: El número de hits que obtiene el bateador, dividido por el número oficial de turnos al bate, llevado hasta tres decimales.

toque de sacrificio: Una jugada en la que el bateador hace un out, pero el hombre en base logra avanzar.

turno al bate: Un intento oficial de darle a la pelota lanzada. No cuenta como turno al bate si se batea un sacrificio, si le dan una base por bolas, o si un lanzamiento golpea al bateador.

Fuentes

Se obtuvo información para este libro de las fuentes siguientes: Nancy Armour (*Associated Press*, 20 de septiembre de 1998); Michael Bamberger (*Sports Illustrated*, 28 de septiembre de 1998); Chicago Cubs Media Guide (1998); Ken Daley (*Dallas Morning News*, 23 de septiembre de 1998); Bill Fleischman (*New York Daily News*, 23 de septiembre de 1998); Toni Ginnetti (*Baseball Digest*, septiembre de 1998); Tom Haudricourt (*Milwaukee Journal Sentinel*, 22 de septiembre de 1998); Jon Heyman (*Newsday*, 23 de septiembre de 1998); Charles Hirshberg (*Life*, enero de 1999); Richard Jerome (*People*, 28 de septiembre de 1998); John Lowe (*Detroit Free Press*, 30 de septiembre de 1998); Bill Plaschke (*Los Angeles Times*, 23 de septiembre de 1998); Ken Rosenthal (*Baltimore Sun*, 24 de septiembre de 1998); Steve Rushin (*Sports Illustrated*, 14 de septiembre de 1998); Gary Smith (*Sports Illustrated*, 21 de diciembre de 1998); Jayson Stark (*Philadelphia Inquirer*, 20 de septiembre de 1998); David Steele (*San Francisco Chronicle*, 26 de septiembre de 1998); Joel Stein (*Time*, 28 de septiembre de 1998); Paul Sullivan (*Chicago Tribune*, 15 de septiembre de 1998; 18 de octubre de 1998; 4 de octubre de 1999); Tom Verducci (*Sports Illustrated*, 29 de junio de 1998).

Index

Escríbele a Sammy:

Puedes escribirle a Sammy a la dirección que está a la derecha. Si le escribes una carta, no te hagas muchas ilusiones. Sammy y los demás atletas reciben muchísimas cartas a diario, y no siempre pueden contestarlas todas.

Sammy Sosa
c/o Chicago Cubs
Wrigley Field
1060 West Addison Street
Chicago, IL 60613-4397

Reconocimientos

Se han reproducido las fotografías con permiso de: © Reuters/Mike Blake/Archive Photos, Págs. 1, 13, 49; © Tim Broekma/ALLSPORT USA, Págs. 2–3; © Vincent LaForet/ALLSPORT USA, Pág. 6; © Reuters/Jeff Christensen/Archive Photos, Pág. 9; © Jonathan Daniel/ALLSPORT USA, Págs. 11, 26, 31, 33; © Reuters/Scott Olson/Archive Photos, Pág. 15; © Larry Jenkins/Good Luck Photography, Págs. 16, 41; © CORBIS/Bettmann, Pág. 21; © Reuters/Onorio Montas/Archive Photos, Pág. 25; © CORBIS/AFP, Pág. 34; © John Swart/ALLSPORT USA, Pág. 36; © Jeff Carlick/ENDZONE, Pág. 42; © CORBIS/Matt Mendelsohn, Pág. 44; © ALLSPORT USA, Pág. 46; © Reuters/Sue Ogrocki/Archive Photos, Pág. 50; © AP/Wide World Photos, Pág. 52; © Reuters/Carole Devillers/Archive Photos, Pág. 55; © Reuters/Mike Segar/Archive Photos, Pág. 56; © Jonathan Kirn/SportsChrome East/West, Pág. 58.

La foto en la portada es de © Vincent LaForet/ALLSPORT USA. La foto en la contraportada es de © AP/Wide World Photos.

Acerca del autor

Jeff Savage es autor de más de 80 libros sobre los deportes para lectores jóvenes, inclusive biografías LernerSports de Julie Foudy, Tiger Woods, y Mark McGwire.